19 Avril 1899

V

VENTE

Des Mercredi 19 et Jeudi 20 Avril 1899

HOTEL DROUOT, SALLE N° **11**

A 2 HEURES UN QUART

BEAU MOBILIER

ANCIEN & DE STYLE

Piano demi queue de Henri HERZ

BRONZES D'ART & D'AMEUBLEMENT

DE BARBEDIENNE, GAGNEAU, ETC.

PORCELAINES DE CHINE, DU JAPON ET AUTRES

TABLEAUX

Anciennes Tapisseries, Tentures, Tapis d'Orient

Argenterie de Table de Debain, Bijoux

Me G. DUCHESNE
Commissaire-Priseur
6, Rue de Hanovre, 6

M. A. BLOCHE
Expert
28, Rue de Châteaudun, 28

EXPOSITION PUBLIQUE

Le Mardi 18 Avril 1899

DE 2 HEURES A 6 HEURES

Imprimerie artistique
Ménard & Chaufour
8-10, Rue Milton
Paris

CONDITIONS DE LA VENTE

Elle aura lieu *expressément* au comptant.

Les acquéreurs paieront *cinq pour cent* en sus des enchères.

L'exposition mettant le public à même de se rendre compte de l'état et de la nature des objets, il ne sera reçu aucune réclamation une fois l'adjudication prononcée.

Paris. — Imprimerie Ménard & Chaufour, 8-10, rue Milton

DÉSIGNATION

MOBILIER

1 — Ameublement de salon en noyer sculpté, à contours fleuris, couvert en velours de Gênes à fleurs en polychrome sur fond mordoré, composé d'un canapé, deux fauteuils et deux chaises. Style Louis XV.

2 — Petit canapé en noyer sculpté à coquilles et ornements, couvert en soierie crème brochée, à branchages fleuris et gainé de peluche rouge. Style Louis XV. Travail de KRIEGER.

3 — Tabouret de piano en noyer sculpté, couvert en soierie brochée et peluche rouge. Travail de KRIEGER.

4 — Table de salon en marqueterie de bois, offrant au centre un médaillon à trophée de musique, pieds reliés par un croisillon, garnie de bronze dorés. Style Louis XVI.

5 — Piano demi-queue en palissandre noirci, de la maison Henri Herz.

6 — Ecran en bambou doré, feuille en soie de Chine brodée aux faisans.

7 — Lit de milieu en noyer clair sculpté, de Krieger.

8 — Table de nuit analogue, formant table de chevet.

9 — Deux escabeaux en chêne sculpté dossier à masques et trophées.

10 — Quatre chaises en noyer sculpté à têtes de lions, couvertes en cuir clouté de cuivre.

11 — Cartonnier en acajou orné de bronzes ciselés et dorés. Style Louis XVI.

12 — Jolie chaise à porteurs Louis XV, en bois sculpté et doré.

13 — Beau lit en noyer sculpté, foncé de canne dorée. Style Louis XV.

14 — Jolie table Louis XVI, forme carrée avec tiroir et tablette rentrante en acajou et bronze doré, signée RIESNER.

15 — Petite commode en bois des îles, ornée de bronzes dorés. Epoque Louis XV.

16 — Petit fauteuil en acajou orné de bronzes dorés. Epoque Ier Empire.

17 — Petite table Louis XV en chêne sculpté.

18 — Table à jeu en noyer sculpté Louis XV.

19 — Cadre Louis XV en bois sculpté.

20 — Table en bois sculpté et laqué blanc Louis XVI.

21 — Chiffonnier Louis XV en bois sculpté laqué blanc.

22 — Petit buffet Louis XV en noyer sculpté, dessus marbre bleu.

23 — Petit buffet Louis XV en noyer sculpté.

24-25 — Deux sellettes en acajou garnies de bronzes, dessus marbre. Style Empire.

26 — Petite commode en marqueterie, dessus marbre. Style Louis XVI.

27 — Commode de forme ventrue en bois de rose et palissandre garnie de bronzes, dessus en marbre brèche d'Alep. Style Louis XV.

28 — Bureau plat en palissandre et bronze, dessus de cuir. Style Louis XV.

29 — Petite table ronde en palissandre garnie de bronzes, dessus en brocatelle. Style Louis XV.

30 — Vitrine à hauteur d'appui avec étagères sur le côté en acajou garni de bronze, dessus en marbre. Style Louis XVI.

31 — Table en noyer incrusté de filets de cuivre.

32 — Meuble en bois sculpté moucharabie incrusté de nacre.

33 — Cheminée en bois sculpté.

34 — Grand meuble étagère en bois sculpté orné d'applications de nacre et d'ivoire sculpté. Travail chinois.

35 — Beau cadre Louis XV en bois sculpté et doré, dessin à coquilles, rinceaux et motifs fleuris, fronton à couronnes et palmes avec glace biseautée.

36 — Grand porte-manteaux et parapluies en bois sculpté de style Louis XIII avec glace dans un encadrement.

37 — Cadre en bois sculpté.

38 — Encadrement en bois peint blanc et or, montants à colonnes torses Louis XIII.

39 — Cadre en bois sculpté et doré.

40 — Petite glace Louis XVI, cadre bois sculpté et doré.

41 — Petite console bois sculpté Louis XV.

42 — Frise en bois sculpté et doré.

43 — Porte en bois sculpté garnie en cuir gaufré rehaussé de dorure.

44 — Fausse cheminée en bois sculpté et doré. Louis XV.

45 — Fronton en bois sculpté et doré à fleurs et feuillages ajourés.

46 — Grand cadre en bois sculpté et doré.

47 — Meuble crédence en bois sculpté ouvrant à quatre vantaux. Style Moyen-Age.

48 — Belle cheminée monumentale à colonnes cannelées avec chapiteaux sculptés. En partie du XVIIe siècle.

49 — Guéridon en bronze doré avec dessus en marbre vert de mer.

50 — Bahut à deux corps en bois sculpté Louis XIII.

51 — Canapé et deux fauteuils en bois sculpté rechampi de blanc, couverts de tapisserie au petit point, fond crème à bouquets et guirlandes de fleurs. Époque Louis XVI.

52 — Meuble d'encoignure à trois tiroirs en bois de rose et palissandre orné de bronzes. Époque Louis XVI.

53 — Ameublement de salon en bois noir orné de bronzes dorés, couvert en damas jaune, composé de: un canapé, neuf fauteuils et neuf chaises.

54 — Table de milieu en bois noir ornée de bronzes dorés à chutes, écussons et perlés.

55-56 — Deux tables à jeu en bois noir et bronzes de même travail.

57 — Chaise basse en bois noir couverte en tapisserie à la main, fond rouge, dessin à animaux.

58 — Deux coffres à bois.

59 — Chaise légère en bois peint blanc.

60 — Deux fauteuils capitonnés couverts en soie verte et bleue.

61 — Petit fauteuil couvert en moquette.

62 — Salle à manger en chêne sculpté composée : d'un grand buffet à étagères, deux consoles, seize chaises couvertes en cuir et une table ronde.

63 — Dix chaises de style Henri II, sièges et dossiers en cuir repoussé.

64 — Chambre à coucher en palissandre sculpté et ciré composée : d'un lit, d'une armoire à

glace, une table de nuit et une table de milieu, deux fauteuils et une chaise (travail de la maison TERNISIEN).

65 — Bibliothèque en chêne sculpté s'ouvrant à trois portes vitrées dans le haut et à trois portes pleines dans le bas sculptées à attributs et guirlandes.

66 — Tabouret de piano avec dossier en bois noir orné de bronzes, siège en tapisserie à la main.

67 — Deux fauteuils Dagobert couverts en toile avec applications de cuir et broderies.

68 — Deux chaises en bois noir, sièges en cuir rouge.

69 — Etagère en bois sculpté et ajouré.

70 — Deux bahuts en bois noir, portes ornées de médaillons en bronze doré représentant la Pêche et la Vendange, dessus en marbre.

71-72 — Deux grandes consoles en bois sculpté et doré, à volutes et guirlandes, dessus en marbre blanc. Style Louis XV.

73 — Grande glace forme médaillon, cadre doré à volutes et guirlandes.

74 — Table tricoteuse en bois de luxe ornée de bronzes dorés.

75 — Deux coffres à bois capitonnés de velours bleu et grenat.

76 — Deux petits guéridons avec dessus en broderie de perles.

77 — Six tabourets couverts en tapisserie à la main.

78 — Pouf et tabouret couverts en cuir et étoffe imprimée.

79 — Table à ouvrage en bois noir ornée de peintures et de bronzes dorés.

80 — Table à étagère couverte en peluche grenat.

81 — Chaise basse couverte en velours vert avec bande en tapisserie.

81 *bis* — Encoignure étagère en bois peint à sujet biblique.

OBJETS D'ART

82 — Belle paire d'appliques à sept lumières en bronze doré, modèle à nœud de draperie, guirlandes de feuillage et médaillon avec chiffre. Style Louis XVI.

83 — Coupe en porcelaine décorée sur pied en bronze doré à figures d'amours.

84 — Statuette en bronze : Le Crieur d'eau fraiche.

85 — Chéret. La Fileuse, groupe en terre cuite, sur socle en peluche et broderie.

86 — Chéret. Amour sur un cornet de fleurs. Groupe en terre cuite.

87 — Deux goupes en porcelaine genre de Saxe, sujets galants.

88 — Potiche en porcelaine de Chine, décor à personnages.

89 — Petit sucrier en porcelaine de Chine, décor à figures.

90 — Statuette en bronze : l'Arlequin de P. Dubois.

91 — Bonbonnière en bronze cloisonné et doré, pieds à cariatides d'animaux, de Barbedienne.

92 — Deux chenêts en cuivre poli, représentant des chimères aux ailes déployées.

93 — Paire de lampes formées de vases en Satzuma, décor à médaillons de personnages, monture en bronze doré.

94 — Deux petits vases sur socles en porcelaine de Vienne à personnages.

95 — Paire de flambeaux formés par des figurines en bronze parties émaillées, socles en onyx.

96 — Statuette en bronze : Jeune violoniste Louis XIII, de L. Grégoire, édition de Boyer frères.

97 — Bronze : l'Harmonie, de Carrier-Belleuse.

98-99 — Deux bronzes : le Printemps et l'Été, de Carrier-Belleuse.

100 — Lustre en bronze avec fleurs en porcelaine de Saxe.

101 — Statuette en bronze : Salomé de Ch. Lévy.

102 — Statuette en biscuit : la Nuit, signée Levasseur.

103 — Statuette en bronze : la Peinture, de P. Aubé.

104 — Buste en marbre : la Frileuse, de Houdon.

105 — Garniture de cheminée en marbre rose et bronze doré, composée d'une pendule forme cage et de deux candélabres. Style Louis XVI.

106 — Grande potiche en faïence genre Marseille à personnages.

107 — Deux cassolettes marbre vert de mer, monture bronze doré. Style Louis XVI.

108 — Lustre flamand en cuivre.

109 — Deux colonnes en marbre.

110 — Buste en métal polychromé : Orientale.

110*bis* — Tableau en mosaïque de marbres : Nature morte. Cadre en écaille.

111 — Paire de candélabres formés de vases en marbre fleur de pêcher, monture en bronze doré. Style Louis XVI.

112 — Paire de vases en faïence genre Delft, décor bleu.

113 — Grand groupe en marbre : Enfant à la chèvre.

114 — Groupe en terre cuite : Le Dénicheur d'oursons, de FRÉMIET.

115 — Buire en terre cuite patinée d'après CLODION.

116 — Presse-papiers en terre cuite : Le Buveur, de DESBORDES.

117 — Deux statuettes terre cuite patinée : les Chantres de DESBORDES.

118 — Groupe en bronze d'après CLODION.

119 — Paire de bouts de table Louis XVI.

120 — Pendule en bronze Louis XVI.

121 — Buste en bronze : Coquette Louis XV.

122 — Groupe en biscuit.

123 — Paire de statuettes en porcelaine de Saxe.

124 — Deux figurines de faunes en bronze.

125 — Paire de bras d'applique Louis XVI en bronze ciselé et doré.

126 — Jardinière en porcelaine de Chine, famille verte.

127 — Deux petits vases en faïence de Delft, décor polychrome.

128 — Paire de cornets en faïence de Delft, décor bleu sur blanc.

129 — Guitare en faïence de Delft, décor Louis XV en bleu sur fond blanc.

130 — Tabouret oriental en cuivre ciselé et ajouré.

131 — Deux vases en cuivre repoussé et ciselé, forme porte-fleurs.

132 — Chaudron-jardinière en cuivre Louis XIII.

133 — Paire de vases en métal, décor en relief. Style Louis XVI.

134 — Paire de vases en bronze cloisonné, de Barbedienne.

135 — Vase en émail de Chine fond bleu turquoise, décor polychrome.

136 — Paire de candélabres en bronze. Style Oriental, travail de Barbedienne.

137 — Vase en porcelaine de Chine à six pans, décor vert fouetté.

138 — Petite jardinière en blanc de Chine.

139 — Petite théière en faïence brune de Chine.

140 — Plat du Japon, décor bleu bruni sur fond blanc.

141 — Coupe en porcelaine du Japon, décor polychrome.

142 — Deux chandeliers japonais sculptés, à personnages.

143 — Paire de potiches en porcelaine de Chine, famille rose à rayures dorées sur fond bleu.

144 — Bouddha en terre cuite de Chine.

145 — Paire de vases de Chine, fond rouge sang de bœuf, décor en relief.

146 — Beau vase en porcelaine céladon vert de Chine.

147 — Paire de vases en ancienne porcelaine du Japon, monture en bronze.

148 — Paire de vases en ancienne porcelaine de Chine à réserves de personnages sur fond bleu fouetté.

149 — Pendule en porcelaine de Saxe de style Louis XV, décor à rocailles et fleurs.

150 — Deux cache-pots en faïence émaillée à fleurs et oiseaux.

151 — Vase en bronze avec dragon enroulé.

152 — Deux petits coffrets en bois de rose ornés de bronzes dorés et de plaques de porcelaine.

153 — Deux grands cornets en cristal gravé de Bohême.

154 — Grande suspension à seize lumières en bronze ornée sur les quatre côtés de cariatides du Temps. Travail de la maison GAGNEAU.

155 — Quatre appliques à quatre lumières de même travail.

156 — Deux paires de girandoles en bronze ciselé.

157 — Lustre en bronze doré à vingt-quatre lumières, orné de cristaux.

158 — Grande statuette en bronze, de LEQUESNE, parties dorées et représentant une Vestale.

159 — Garniture de cheminée composée d'une pendule en bronze ciselé et doré surmontée d'un groupe: L'Amour inspirant une bergère, et deux candélabres à figurines représentant: Le Jour et la Nuit portant des branches à sept lumières.

160 — Deux candélabres en bronze ciselé et doré à figures d'enfants portant des branches à huit lumières.

161 — Lanterne d'antichambre en verre dépoli, monture en bronze doré.

162 — Coupe en porcelaine décorée dans le goût japonais, monture en bronze ciselé et doré.

163 — Deux cachepots en porcelaine, genre Sèvres avec médaillons à figures de Louis XVI et de Marie-Antoinette, montures en bronze doré.

164-165 — Deux devants de feu en bronze ciselé et doré : Enfants sur des rocailles.

166 — Deux grandes lampes forme coupes en bronze ciselé, parties dorées, socles à cariatides d'enfants portant des attributs champêtres.

167-168 — Deux lustres à trente-cinq lumières en bronze ciselé et doré, orné de cristaux.

169-170 — Huit appliques à six lumières de même travail.

171 — Devant de feu en bronze doré. Style Louis XVI.

172 — Devant de feu en bronze doré en forme de cornes d'abondance.

173 — Deux paires de flambeaux en bronze ciselé et doré de style Louis XV.

174 — Devant de feu en cuivre poli et noirci.

175 — Deux aiguières en bronze ciselé, patine verte, anses à cariatides, socles en marbre noir.

176 — Lustre à dix-huit lumières en bronze et porcelaine fond bleu à guirlandes de fleurs.

177 — Coupe en bronze, parties dorées, supportée par deux enfants, socle à feuillages et oiseaux.

178 — Deux coupes en bronze, parties dorées, socles en marbre blanc.

179 — Pare-étincelles forme éventail en bronze.

180 — Deux petits candélabres à deux lumières en bronze doré et porcelaine fond bleu à fleurs.

181 — Grand lustre à quarante lumières en bronze, parties dorées, travail dans le goût flamand, de la maison Barbedienne.

OBJETS DE VITRINE

182 — Fleur en or enrichie d'un gros brillant au centre et de diamants sur le corps, formant broche et épingle de coiffure.

183 — Joli service en argent ciselé et gravé, bordure à arabesques feuillagées, couvercles à fleurs, composé d'une cafetière, une théière, un sucrier et un pot à crème, de la maison Debain.

184 — Plateau en métal argenté, décor gravé.

185 — Beau service de table en argent ciselé avec chiffre S. R. en relief composé de : onze fourchettes et douze cuillers, douze couverts d'entremets, douze couteaux de table, dix-neuf couteaux à dessert, onze cuillers à café, services à découper, à poisson, à salade, une louche, une pince à asperges, trois pièces à hors-d'œuvre, couteaux à beurre et à fromage, et pince à sucre, de la maison Debain.

186 — Chope avec couvercle en étain ciselé et gravé.

187 — Ecuelle en étain, décor à rocailles Louis XV.

188 — Pichet en étain, décor gravé.

189 — Six fleurs en ancienne porcelaine de Sèvres.

190 — Joli vase avec couvercle en jade vert, décor gravé avec anses à anneaux mobiles pris dans la masse, travail ancien de Chine, socle en bois de fer.

191 — Huilier, huit salières doubles et deux moutardiers en argent ciselé, décor à guirlandes de fleurs, intérieurs en verre bleu.

192 — Grande et belle miniature sur fond peluche rouge : Portrait de Marie-Thérèse.

193 — Miniature : Madame Récamier assise.

194 — Miniature : La Liseuse. Cadre ébène.

195 — Miniature : Portrait de Madame Sophie, fille de Louis XV.

196 — Bonbonnière ornée, sur le couvercle, d'une miniature : Portrait de femme.

197 — Porte-burettes en cuivre argenté, décor a guirlandes.

198 — Petite coupe en cuivre repoussé et argent.

199 — Boîte en laque de Chine, décor à personnages.

200 — Deux kakémonos brodés à oiseaux et fleurs.

201 — Quatre pièces en émail cloisonné : plaques, garde de sabre et cendrier.

202 — Broche fleur et feuillage en brillants et rose.

203 — Epingle forme dragon en or ciselé.

204 — Bague en or émaillé à figure d'amour.

TAPISSERIES, TENTURES
TAPIS

205 — Petit panneau en tapisserie, représentant une femme au milieu d'un paysage.

206 — Tapisserie de la Renaissance représentant, dans un paysage une licorne au milieu de nombreux animaux et volatiles.

207 — Ancienne tapisserie verdure avec volatiles.

208 — Deux décors de croisée et dessus de lit avec rideaux en cretonne bleue.

209 — Trois décors de croisée, rideaux, bandeaux, embrasses en satin de couleur brune, avec applications de velours de couleur.

210 — Paire de rideaux avec bandeau et embrasses en étoffe fond rouge, dessin jaune.

211 — Paire de rideaux avec embrasses en reps vert.

212 — Grand tapis d'Orient, fond crème, à dessin polychrome, bordure bleue.

213 — Dessus de lit en damas vieux rouge.

214 — Dos de piano en ancienne soierie, fond bleu à fleurs.

215 — Dos de piano broché à fleurs sur fond rose.

216 — Dessus de piano en damas jaune avec volant.

217 — Morceau en ancienne soierie, fond blanc à bouquets Pompadour.

218 — Panneau en satin brodé du Japon, fond bleu.

219 — Panneau en soierie brodée du Japon, fond rose.

220 — Deux décors de croisée et de lit en reps vert.

221 — Lot de rideaux dépareillés.

222 — Portrait du roi de Rome en tapis de la Savonnerie.

OBJETS DIVERS

223 — Appareil à vues photographiques.

224 — Coffret en buis sculpté à sujet de chasse

225 — Lot de baguettes dorées.

226 — Revolver à capsules.

227 — Poèle à gaz.

228-232 — Lot d'objets divers d'étagères et de vitrines.

TABLEAUX

233 — AUTHIAT (E). *Fleurs et fruits d'août.*

234 — BAUDOIN. *Abbé et Dame.*

235 — BAUDRAN. *Marguerite.*

236 — BIANCO. *Séance de spirite.* Dessin.

237 — BRANDON. *Enfants de chœur.*

238 — BRAS (D). *Marine et Paysages.* Six aquarelles.

239 — BRASCASSAT (genre de) *Vache.*

240 — BRUNET. *Paysage.* Aquarelle.

241 — BRUEY. *Bacchante.*

242 — CHAVET. *Couvent dans une grotte.*

243 — COÉDES. *Le Pirate.*

244 — FRAGONARD (d'après). *Le Serment et la Déclaration.* Deux gravures en couleur.

245 — F. P. *Combat naval de St-Jean-d'Uloa* (Le Prince de Joinville commandant le *Cyclone*).

246 — F. P. *Baie de Naples.*

247 — GAVARNI (attribué à). *Fantaisies.* Deux dessins au crayon.

248 — GERARD DOW (d'après). *Les Bulles de savon et l'Enfant à la cage.*

249 — GREUZE (d'après). *Tête d'expression.*

250 — GROLLERON. *Soldat au repos.* Dessin à la plume.

251 — HONDEKŒTER. *Nature morte.*

252 — INCONNU. *La chute d'Icare.* Plafond.

253 — INCONNU. Portrait d'une dame avec son enfant.

254 — JORDAENS (d'après). *Les Chanteurs.*

255 — GÈRARD DE LAIRESSE. *Danaé.*

256 — MASSEY (H.-G.). *Le Pont Solférino.* Aquarelle.

257 — MÉNARD (GASTON). *Le Complot.* Belle aquarelle.

258 — NETSCHER (genre de). *Jeune Femme à sa toilette.*

259 — PEDRON (EL.). *Paysage.*

260 — PETITJEAN. *Jeune Femme lisant dans un jardin.*

261 — PROST (V.). *Scapin à la cave.*

262 — REMBRANDT (d'après). *Portrait de Vieillard.*

263 — RŒDEL. *Le Nicham Iftikar.* Aquarelle originale.

264 — SNYDERS. *Nature morte.*

265 — SOUCHON. *Dame et Enfant.*

266 — TENIERS (d'après). *Fêtes flamandes.* Deux gravures en couleur,

267 — VALLET. *Près du kiosque.* Aquarelle.

268 — ÉCOLE ANGLAISE. *Scènes de courses.* Deux gravures en couleur.

269 — ÉCOLE FLAMANDE. *Le Maitre d'Ecole.*

270 — ÉCOLE FLAMANDE. *Réunion devant une auberge. La Danse.*

271 — ÉCOLE FRANÇAISE. *Portrait de Gentilhomme en armure.*

272-273 — ÉCOLE FRANÇAISE. Deux portraits : *Homme et Dame Louis XVI.*

274 — ÉCOLE FRANÇAISE. *Portrait de Femme.*

275 — ÉCOLE HOLLANDAISE. *L'Attaque du Château.*

276 — ÉCOLE HOLLANDAISE. *Paysage avec figures de Patineurs.*

277 — ÉCOLE ITALIENNE. *Loth et ses filles.*

278 — ÉCOLE ITALIENNE. *Tête de Vierge.* Cadre bois sculpté.

279 — ÉCOLE ITALIENNE. *Sainte Famille.*

280 — ÉCOLE MODERNE. *Bataille.* Aquarelle.

281 — ÉCOLE MODERNE. *Vue de Palerme.* Aquarelle.

282 — GRAVURE. *Adam et Eve chassés du Paradis.*

283 — Objets omis.

www.ingramcontent.com/pod-product-compliance
Ingram Content Group UK Ltd.
Pitfield, Milton Keynes, MK11 3LW, UK
UKHW032021260826
14628UKWH00006B/2633

9 782329 47781